Li... ... lieber B...

hat,

gehalt

Di auch! Alles Liebe

Deine Bettina ♡

MW01609463

Antje S. Naegeli
Die Nacht ist voller Sterne

Antje S. Naegeli

Die Nacht ist voller Sterne

Gebete in dunklen Stunden

FREIBURG · BASEL · WIEN

Neuausgabe, 6. Auflage 2008

Umschlagbild: K. Finken
Herstellung: fgb · freiburger graphische betriebe
www.fgb.de

Gedruckt auf umweltfreundlichem,
chlorfrei gebleichtem Papier
Printed in Germany

ISBN 978-3-451-27593-7

Ein Wort zum Geleit

Im Ineinander von Licht und Dunkel, das unser menschliches Leben bestimmt, geraten wir oftmals in die Gefahr, uns an die Nachtseite zu verlieren und blind zu werden für die tröstlichen Zeichen des Lichtes. Während wir dem Nachtdunklen nur allzu bereitwillig Raum geben, scheint es, dass der Mensch für das Lichte sich bewusst öffnen oder das Geöffnetwerden an sich geschehen lassen muss. Die Gebete und Texte dieses Buches möchten helfen, den Blick zu weiten, Dinge und Situationen durchsichtig werden zu lassen auf Gott hin. Sie möchten den leidenden Menschen ermutigen, durchzuhalten und sich versöhnen zu lassen mit seinem Geschick. – »Die Nacht ist voller Sterne« – der Titel dieses Buches mag auf den ersten Blick naiv-romantisch klingen. Er könnte banale Ablenkung und Verdrängung vermuten lassen, Flucht vor der Realität. Aber gerade dies ist erfahrbare Wirklichkeit, dass auch die aussichtsloseste Finsternis auf dieser Erde das Licht nicht völlig auszuschließen vermag. Die Dunkelheit, das Leidvolle wird in dem Maß ertragbar werden, als wir die Zeichen der Gegenwart Gottes wahrnehmen lernen. Unser Leben kann um vieles getroster werden, wenn wir uns nicht mehr blenden lassen von den künstlichen Lichtquellen, den menschlichen Heilsbringern, die uns vortäuschen, was sie doch nicht vermögen, sondern uns dem

Licht öffnen, das aus einer anderen Welt in unsere Heillosigkeit einbricht. Getröstetwerden geschieht dabei nicht von heute auf morgen. Zuerst will die Not ausgeklagt sein, aber wir dürfen guter Hoffnung sein, dass auf dem Grunde der Klage das Lob heranreift. So sei dieses Buch in besonderer Weise denen gewidmet, die Begleitung suchen auf ihrem Weg durch die Nacht, in der Hoffnung, dass es dem einen oder anderen ein Stück weit Gefährte zu sein vermag.

St. Gallen   *Antje S. Naegeli*

Inhalt

Verzweifelt und getrost

Dass wir Menschen und Dingen
eine Mächtigkeit zuschreiben,
die sie gar nicht besitzen,
scheint uns genauso selbstverständlich,
wie wir Gottes Mächtigkeit in Zweifel ziehen.

Manchmal, Herr,
steht alles in mir auf
gegen dich.
Wozu mühe ich mich ab
dich zu suchen,
wenn du mir dennoch
so rätselhaft, so fremd,
so fern bleibst
und meine Sehnsucht
nach Nähe und Vertrautheit
ungestillt lässt?

Manchmal, Herr,
denke ich,
dass du deine Menschen
hoffnungslos überforderst,
wenn du blindes Vertrauen
erwartest
und den Deinen nichts ersparst
an Schwerem.

Manchmal, Herr,
verstumme ich,
weil ich nichts vernehme
als dein Schweigen,
obwohl ich ganz ausgehungert bin
vor Verlangen
nach deiner Antwort
auf mein erschrockenes Fragen.

Manchmal, Herr,
nehme ich mir vor,
ohne dich weiterzugehen;
und dennoch:
Immer kehre ich
zu dir zurück.
Es ist ja nicht wahr,
dass ich dein Nahesein
nie erfahren habe.
Du bist ja doch mein Gott,
auch wenn ich leide
an dir.
Vor deiner Unbegreiflichkeit
will ich mich beugen
und zulassen,
dass mein Weg mit dir
auch den Schmerz einschließt.

Bruder der Zweifelnden sein

Das wirkliche Vertrauen
gründet sich nicht darauf,
dass einer vor Erschütterungen
bewahrt wurde;
es wächst herauf,
wo die Erfahrung zuteil wird,
mitten in aller Bedrohung
aushalten zu können.

O Gott,
tritt hervor
aus dem Dunkel.
Ich leide,
wenn du dich mir
so ganz verbirgst.
Dein Schweigen
lähmt mich.
Wie lange willst du mir
deine Tröstungen entziehen
und der Verlassenheit
mich preisgeben?

O Gott,
meine Seele hat keine Schutzmauern,
die sie bewahrten
vor dem Ansturm des Argwohns.
Ich leide,
und doch frage ich mich:
Warum sollte ich nicht
Bruder der Zweifelnden sein
und ihr Entbehren teilen?

Denen will ich meine Stimme leihen,
die verstummt sind
in ihren Erschütterungen,
meinen Brüdern, Gott,
die dich verloren.
Glauben möchten wir dich
und sind doch voller Widerstände.
Unsere Sehnsucht sucht dich,
unsere Angst aber flieht vor dir.

Sei wieder unter uns,
Gott,
denn ohne dich
verdirbt unser Leben.

Da bin ich

Vielleicht kann Gott
uns deshalb viele Male nicht erhören,
weil wir ihn zum Mittel machen wollen
statt zur Mitte.

Auf dich warten,
mein Gott,
auch wenn es lange Zeit braucht,
bis die Unruhe
sich legt in mir.
Auf dich warten,
mein Gott,
auch wenn meine Sinne
dich lange nicht wahrnehmen.
Auf dich warten,
auch wenn die Fluchtimpulse
mich zu überwältigen drohen.
Auf dich warten.
Annehmen,
dass ich dein Nahesein
nicht erzwingen kann.

Mein Gott,
ich ahne,
dass du kommen wirst,
wenn meine Wünsche
nicht mehr wie eine Mauer
zwischen dir und mir stehen,
wenn mein Wollen
nicht mehr einem widerspenstigen Tier
gleicht,
das im Freund
den Feind zu wittern argwöhnt.

Während ich auf dich warte,
mein Gott,
werde ich gewahr,
dass ich erwartet bin
von dir,
dass du mich unablässig lockst,
bis ich es wage,
mich dir zu lassen.
Da bin ich, mein Gott.
Da bin ich.

Aber

Unser Glaube scheitert oft daran,
dass wir, bewusst oder unbewusst,
eine schmerzlose Gottesbeziehung ersehnen.
Der Glaube aber schließt
wie die Liebe zweier Menschen
immer das Dennoch ein.

Ja, Gott,
ich möchte,
dass du Mitte
meines Lebens bist;
ich möchte,
dass mein Wille
zurücktrete
hinter dem deinen;
ich möchte
ein Mensch sein,
den dein Geist
erfüllt;
ich möchte
im Glauben
stark sein –
aber es soll mich
nichts kosten,
das ist die Not.

Heimweh nach unserem Ursprung

Das ist unser Los,
Geborgenheit suchen zu müssen
und dennoch
heimatlos zu bleiben
auf dieser Welt.

Immer werden,
die er gezeichnet hat
mit seinem Siegel,
Fremde bleiben
im Haus,
das endlich ist.

Gesegnete Sehnsucht.
Wie die Muschel
die Perle umschließt,
so verhüllt sich
im Schmerz
die Hoffnung.

Heimweh ist nichts
als der Schatten
des ewigen Hauses.

Vom Ewigen berührt

Verborgen
hinter dunkler Wolke
bist du mir, Gott,
aber manchmal
dringt etwas ein
wie Licht,
berührt mich Wärme,
und ich tauche ein
in ein Meer von Trost.
Kein Fragen mehr,
das mich aufzehrt.
Du bist da,
das ist genug.

Festhalten möchte ich
solche Augenblicke,
aber es gibt
kein Haben.
Schon verdichtet sich wieder
die Wolke
bis hin zur Undurchdringlichkeit.
Genug,
dass der Widerschein
des Ewigen
mich gestreift hat;

ich bin getröstet,
unter meiner Last
erstarkt,
und im Dunkeln
singe ich dir
ein Lied.

Deine Geduld lässt uns hoffen

Es gibt dieses Wissen des Herzens,
dass Gott ein Liebender ist.
Nur dem wird es zuteil,
der zu lieben wagt.

Die alte Frau im Regen –
als das Kind schrie,
zog sie es auf ihren Schoß,
barg es in ihren Armen,
liebkoste es mit warmer Stimme.
Umsonst,
das Kind verschloss sich
ihrem Trösten.
Sie wiegte es
mit sanfter Gebärde,
beugte sich tiefer
über das Menschlein,
als wolle sie seinen Unmut auffangen
mit ihrem Leib,
ihm Schutz gewähren
mit ihrer Zärtlichkeit.
Ganz selbstvergessen
saß sie da,

als ob es nichts gäbe
auf dieser Welt
als dieses Kindes Weinen.

Immer noch
widerstand der Knabe
der Liebkosung;
an ihr jedoch war nichts,
das Ungeduld verraten hätte.
Dass der Unwille der Umstehenden
sich gegen das Kind wandte,
nahm sie nicht wahr.
Da plötzlich glitt ein Lächeln
über das kleine Gesicht,
Frucht zärtlicher Geduld.

O Gott, geduldiger Gott,
wie oft haben wir
die Trostlosigkeit mehr geliebt
als deine Tröstungen,
und du hast ausgeharrt bei uns.

Anvertraut

Das Lebendige behüten –
Erlebnis mit einem Kind

Ein Regenwurm liegt reglos auf den Zementstufen
vor der Haustür. Er sieht arg mitgenommen aus.
Das Kind entdeckt ihn, als es das Haus verlässt,
um in den Kindergarten zu gehen.
»O, du Lieber, bist du schon ausgetrocknet?«
Es nimmt ihn vorsichtig auf die Hand.
»Nein. Komm, du sollst auch leben!«
Behutsam wird das Tier aufs Blumenbeet gelegt.
Im Weggehen ruft Christina ihm noch einen
Abschiedsgruß zu.

Dieses Geschenk, o Gott,
ein schlafendes Kind
in den Armen zu halten,
seinem Atem zu lauschen
und den Frieden zu spüren,
der von ihm ausgeht,
wie gut ist das!

Dieses Geschenk, Gott,
wachen zu dürfen
über seinem Schlaf,
seine Wärme zu fühlen,
es zu bergen
in seiner Schutzlosigkeit,
wie kann ich dir danken?

Ich habe deinen Ruf gehört

Wie gern, mein Gott,
wäre ich unter denen,
die dich liebhaben
um deinetwillen,
die deine Verborgenheit aushalten,
weil ihnen das Vertrauen mehr gilt
als das Verstehen,
die ihren Gott nicht einzufangen trachten
in ihre Wünsche,
sondern sich beugen
vor seiner Unbegreiflichkeit.

Wie gern, mein Gott,
wäre ich unter denen,
die dein Lob festhalten,
auch wenn sie zerbrochen werden,
die verzichten können,
weil sie frei sein wollen
für das Wesentliche,
die sich versöhnen lassen
mit der Versehrtheit dieser Welt,
weil sie den Anruf der Liebe gehört haben,
den alles Unvollkommene birgt.

Wie gut, mein Gott,
dass das Herz wach ist
und Sehnsucht spürt,
heil zu werden.
Entmächtige das Ängstliche in mir,
das, was zugleich
ja und nein sagen will.
Nicht große Sprünge
erwartest du von mir,
sondern kleine Schritte,
und die will ich wagen,
so wahr du mir hilfst.

Erfahren dürfen, wer du bist

Die Sehnsucht
ist das Siegel
der Hoffnung.

Gib uns neue Namen
für dich, unser Gott,
die wir dürsten
nach deiner Väterlichkeit,
nach deiner Mütterlichkeit.
Dein Vatername rührt an Verletztes.
Unsere Welt ist so arm geworden
an Müttern und Vätern.
Wir sind gezeichnet
vom Versagen unserer Eltern:
Verlassenheit haben wir erfahren,
wo wir nach Bergung suchten,
Zurückweisung,
wo wir nach Zärtlichkeit hungerten,
Härte,
wo wir Verständnis nötig hatten,
Entwertung,
wo wir der Ermutigung bedürftig waren.
Das Abbild deines Vater- und Mutterseins
haben wir schmerzlich entbehrt
und leiden darunter,

dass wir unseren Kindern weitergeben sollen,
was wir selber nicht empfingen.
Wir glauben,
dass du unser Verlangen
nach Nähe, nach Bejahung und
Zusammengehören
stillen kannst.
Wir möchten es glauben.
Wenn wir dich um neue Namen bitten,
so sprechen wir unsere Sehnsucht aus,
dir begegnen zu dürfen
und zu erfahren,
wer du für uns bist.
Wie Liebende voneinander betroffen sind,
so möchten wir betroffen sein
von dir;
wie sie unzählige Namen finden füreinander,
so wirst du selber uns lehren,
dir Namen der Liebe zu geben,
denn du lässt nicht vergeblich warten,
die Heimweh haben nach dir.

Ich weine vor dir

Wenn ein Mensch
neben uns verstummt
in seinem Schmerz,
kann es sein,
dass wir nicht nur zur Für-bitte,
sondern auch zur Für-klage
gerufen sind.

Wohin soll ich fliehen,
wenn nicht unter dein Kreuz?
Nichts mehr bin ich
als Schmerz.
Ich berge mein Gesicht
auf deinen Füßen.
Keine Worte
habe ich mehr,
nur Tränen.
Du sagtest ja
zum Kelch des Leidens.
Du wartest,
dass auch ich ihn nicht von mir weise,
aber das, Gott,
übersteigt meine Kräfte.
Ich bin nicht tapfer.
Ich bin kein Fels des Glaubens.

Ich bäume mich auf
wie ein Tier, das scheut
vor übermächtiger Bedrohung.
Aufgewühlt ist meine Seele
wie das Meer,
das der Sturm aufpeitscht.
Du hattest Angst
wie ich
und gingst den Kreuzweg dennoch.
Leg deinen Arm um mich.
Sprich du für mich,
was mir nicht über die Lippen will:
Vater, es geschehe dein Wille.

Versöhnung mit Vergangenem

Plötzlich,
während du nichtsahnend
deinen Weg gehst,
überfällt dich Vergangenes
mit Urgewalt.
Längst vergessen Geglaubtes
bricht unwettergleich
über dich herein
und droht,
dich schutzlos findend,
seine Verwüstungen anzurichten.
Nicht die Flucht
rettet dich;
so schnell tragen dich
deine Füße nicht,
dass das Gestern
dich nicht mehr einholte.
Nur da ist Befreiung,
wo einer dazwischentritt
zwischen dich
und das Dunkel
vergangener Tage:
»Friede sei mit dir.«
Wenn sein Gruß dich trifft
– und er ist dir bereitet –,
wird dir im Herzen

Versöhnung wachsen
mit dem, was war.
Nicht, dass du begreifst,
aber das Unbegreifliche
wird der Feindschaft
entnommen sein.

Du heilst das Verwundete

Geliebtwerden, mein Gott,
war für das Kind,
das ich war,
unlösbar verkettet
mit Leistenmüssen,
Angenommenwerden, Bejahtsein
wortlos an Bedingungen gebunden.
Die Angst,
das Soll nicht zu erfüllen,
legte sich früh
wie ein dunkler Schleier
auf meine Seele.
Noch heute
vermag ich nur schwerlich zu glauben,
dass ich liebenswert sein könnte,
so wie ich bin.

Mein Gott,
ich gebe diese bedrückenden Erfahrungen
an dich ab.
Entmächtige sie,
damit sie mir nicht
dein Bild verdunkeln.
Dein Geist ist stärker
als die Verwundungen
meiner Tiefe.

Meinen stummen Schmerz
halte ich dir hin.
Du entlockst mir
die unterdrückte Klage,
du befreist
die ungeweinten Tränen
und löst
die Erstarrung des Herzens.
Lass mich nicht zu entkräften suchen,
was deine Liebe mir zuspricht:
dass ich dir wert bin
um meinetwillen.

Die Gefährdung überwinden

Teuflische Versuchung,
die Hoffnung
zu Grabe zu tragen,
ihr Sterben
zu wollen,
Auferstehung
nicht zuzulassen.

Teuflische Versuchung,
liegen zu bleiben,
das Weitergehen
zu verweigern,
die Verzweiflung
festzuhalten.

Teuflische Versuchung,
die Zerstörung
zu lieben,
den Tod
zum Freund
zu machen,
zu fliehen vor dem,
der dein Leben will.

Aber die Hand dessen,
der widerstand,
ist ausgestreckt.

Ohne Worte verstehst du mich

Vor dir sein.
Aber nicht mit Worten
den Schmerz berühren –
nicht jetzt, mein Gott.
Was mich zu dir treibt,
weißt du.
Mein Schweigen
redet
zu dir.

Den Kreuzweg mitgehen

Das eigene Leid annehmen,
die Tür nicht ins Schloss werfen,
der Hoffnung Einlass gewähren,
wie schwer ist das!
Schwerer noch,
ach, ungleich schwerer ist es,
ja zu sagen
zu des geliebten Menschen
dunkler Last.
Du harrst bei ihm aus.
Du öffnest dich seiner Klage
und weinst mit ihm.
Das ist viel.
Jedoch,
wessen bedürfte er mehr,
als dass du
noch einen Schritt
weitergehst,
dich für ihn zu beugen
unter das ihm Auferlegte,
dessen Sinn
du nicht einmal ahnst,
den schweren Weg
des Vertrauens
unter die Füße zu nehmen,

den du aus eigener Kraft
nicht gehen kannst,
für ihn,
mit ihm
sprechen zu lernen:
»Ja, Vater.«

Ich gebe nicht auf

Wie hilflos,
Christus,
erfahre ich mich
in meinem Versuch
Begleitung zu schenken
auf langem lichtlosem Weg.
Wie schwach ist mein Gebet
im Angesicht dieser übermächtigen
Bedrängnis.

Aber ich gebe nicht auf.
Ich hoffe darauf,
dass meine armen, verlorenen Worte
hineingerettet werden
in dein Gebet
für diesen Menschen.
Eins werden möchte ich
mit deiner Liebe zu ihm,
eins werden
mit deiner heilenden, segnenden Kraft,
mit deinem grenzenlosen Vertrauen
in den Vater.

Ich möchte bei dir sein

Zuzeiten verdunkelt sich
dein Leben.
Wo du auch hinblickst:
Du nimmst nichts wahr
als Nacht.
Du schaust zurück,
und alles ist verfinstert.
Du schaust nach vorn:
nichts als Dunkelheit.
Du empfängst Zeichen der Liebe,
aber du misstraust ihnen.
Die Erfahrung hat dich gelehrt,
dass das Licht
zurückkehrt,
und dennoch stehst du da
mit leeren Händen,
wagst nicht zu glauben
an den neuen Morgen,
weißt keinen Gott mehr,
obwohl du ihm begegnet bist.

Gib mir die Hand.
Ich möchte schweigend
bei dir sein
und mit dir warten,
bis die Nacht vorübergeht.

Zu dir fliehe ich

Zur Ruhe kommen
möchte ich,
Herr, du mein Gott,
denn ich bin unruhig
wie einer, der auf der Flucht ist.
Gehetzt bin ich
wie ein Tier,
dem eine Meute Hunde nachjagt.
Meine Gedanken wirbeln umher
wie ein Haufen dürrer Blätter,
den der Sturm auseinanderpeitscht.
Fern vom Gelingen
sind meine Tage,
und in den Nächten
finde ich keinen Schlaf.

Sei mir Zuflucht!
Was mich umtreibt,
nimm in deine Hände,
denn du, Gott, bist es,
der die Dinge meines Lebens ordnet.
Ich bin nicht preisgegeben
blinder Schicksalsmacht.
Du birgst mich
und lässt mich bei dir
zu Hause sein.

Du begleitest meinen Weg
auf dieser Erde.
Ich möchte, Herr, dass manchmal
mich dein Atem streift,
damit ich spüre:
Du bist da.

Zwiesprache mit einem Baum

Wer richtet dich auf,
gebeugter Baum
am Wegesrand?
Welche Kraft zwang dich,
die Krone erdwärts
zu senken?
Nicht ist es gegeben
der Sonne,
dich aufstehn
zu lassen.

Bist du noch Baum?
Wie einsam stehst du
unter andren Bäumen;
geschaffen emporzustreben,
wirst du für alle Zeit
gebückt bleiben
auf karg bemessnem Raum.

Mir scheint,
du habest eingewilligt
in ein solches Sein,
denn Jahr für Jahr
treibst du geduldig Laub
und bietest deine Früchte denen dar,
die unter schwerer Last
Gebeugte wurden dir gleich.

Mir geschehe

Immer noch
und immer wieder
gibt es Tage,
da will es mir nicht
über die Lippen,
das »Mir geschehe«;
da wird es erstickt
von der mächtig wuchernden
Auflehnung.
Doch ich staune
über das Wunder,
dass es Tage gibt
in meinem Leben,
da ich,
einem Kinde gleich,
das über seine ersten Worte
staunt,
mich sagen höre:
»Mir geschehe.«

Zum Loslassen reif werden

Es sind weniger
die Umstände,
die unseren inneren Menschen gefährden,
als vielmehr unsere Art,
auf sie zu reagieren.

Schmerzlich entbehre ich,
was du mir genommen hast, Gott.
Aber ich stehe nicht mehr
gegen dich auf.
Immer noch weine ich,
aber ich spüre,
es wird ruhiger in mir.
Eine stille Dankbarkeit
beginnt zu wachsen
auf dem Grunde der Tränen.
Vielleicht, dass es nie mehr sein wird,
aber dass es war,
dieses Schönste,
kann niemand mir rauben.
Mag ich auch ein Verwundeter bleiben,
so glaube ich doch,
dass ich eines Tages
über die Klage hinauswachsen werde.

Ich werde zurückschauen
und danken, dass ich beschenkt war
in einem Maß,
das meine Worte
nicht auszusagen vermögen.

Die Grenzen bejahen

Wir blockieren uns selbst,
wenn wir in den schicksalhaften Gegebenheiten
unseres Lebens
nichts sehen
als Steine,
die uns in den Weg gelegt werden.
Nicht Stolpersteine sind es,
die den freien Schritt
lähmen wollen,
sondern Bausteine,
die nach Gestaltung rufen.

Ja, ich verstehe
deinen Zorn
und dass du heimlich
manches Mal die Hand
zur Faust geballt.
Jedoch,
was wissen wir,
welch tiefer Sinn darüber waltet,
dass dir in diesem Leben
nur zubemessen ist
dies kleine Stückchen Land.
Ach, bring es nicht dem Tod
zum Opfer dar.

Auch über engstem Raum
wölbt sich der Himmel,
und eine Handvoll Erde
ist schon genug
für eine Blume.
Gib dich nicht länger hin
der Bitterkeit.
Es müssen die Mauern
nicht feind dir sein.

Sieh,
es gibt seltsam schöne Blüten,
die bedürfen ihrer,
sich in die Höhe zu schwingen.
Nicht jedem freilich
ist es gegeben,
dies Geheimnis zu sehen.
Du aber könntest es wissen.
Frag nicht mehr: »Warum?«
Brach liegt das Land
und wartet deiner Saat.

Ich hoffe für dich

Stärker als Mauern:
die Türen deines Inneren,
die die Angst
verschlossen hält.
Eiserner Riegel,
der deinem Willen
allemal trotzt.
Und soviel Leben,
das in der Dunkelheit
des Kerkers
in Fesseln liegt.

Warum,
bei Gott,
hat dich niemandes Liebe
gelehrt,
dass du dich wagen darfst?
Und ich
habe es auch nicht vermocht.
»Zu spät«, sagt der Tod –
aber er hat nicht
das letzte Wort.

Meine Seele ruht in dir

Du, Gott,
nimmst mich wahr
in meiner innersten Bedürftigkeit.
Meine Seele ruht
in dir.
Du heilst das Versehrte,
du schützt das Gefährdete,
du wärmst das Erstarrte;
was gebeugt ist in mir,
richtest du auf.
Du befriedest das Erschreckte,
du birgst das Verängstigte,
du durchlichtest das Verfinsterte;
was darbt in mir,
nährst du.
Du tröstet das Bestürzte,
du belebst das Verkümmerte,
du löst das Verkrampfte;
was zur Reife kommen will,
behütest du.
Meine Seele ruht
in dir.

Ich will hören

Das Leben täglich im Bewusstsein
seiner Endlichkeit leben
heißt nicht: sich das Herz
beschweren, sondern den Wert
jedes Augenblickes erkennen und ergreifen.

Von Tag zu Tag
ist mein Leben erfüllt
von deinem Anruf
an mich.
Lass mich hellhörig werden
für deine Stimme,
dass sie nicht untergehe
im Lärm des Nichtigen.
Das Vernommene
und dennoch Niegehörte
lass mir zu Ohren dringen.
Ein waches Herz gib mir,
das Ewiges
im Zeitlichen gewahrt.
Was du mir dartust, Gott,
behüte es in mir.

Nicht lass es anheimfallen
der Vergessenheit,
sondern heranreifen
zur Antwort,
die ich dir gebe
mit meinem Tun und Lassen,
mit meinem ganzen Sein.

In den Tag finden

Lass ihn ein,
den neuen Tag,
den mühsalschweren
mit seinem grauen Gewand.
Bote ist er, Anruf,
heute das Leben
zu wagen.

Nicht der Tag
macht dich arm,
der dir Last aufbürdet,
dem Schmerz
dich ausliefert.
Arm bleibst du nur,
wo du dich weigerst
zu lieben,
wo du dich wehrst,
das Unvollkommene
zu umarmen,
den Kreuzweg
mitzugehen.

Fürchte nichts!
Unerschöpflich
sind die Quellen dessen,
der sich dir zugesagt
für jeden neuen Tag.

Dein ist die Nacht

»Dein ist der Tag,
und dein ist die Nacht.«
Wie oft habe ich diese
von Kindheit an vertrauten Worte
der Abendliturgie
gedankenlos dahingebetet.
Heute erst ahne ich
ihre Tragweite,
ihre Tragfähigkeit.

»Dein ist die Nacht«:
Bekenntnis derer,
die in sich
und an sich
Nacht erfahren haben,
durchlittene Theologie;
Hoffnung für die,
deren Tage sich verfinstert haben,
dass sie
in dieses Bekenntnis
hineingerettet würden.

Segne diesen Tag

Ein neuer Tag liegt vor mir.
Lass mich, mein Gott,
mitten in der Tretmühle des Alltags
die Möglichkeiten erkennen,
die mir heute geschenkt sind.

In vielem bin ich festgelegt,
aber immer gestalte ich mit.
Du weißt, dass ich anfällig bin
für die Entmutigung;
stärke in mir die Wahrnehmungskraft
für das Gute,
damit ich dem Sog des Negativen
zu widerstehen vermag.

Gib mir ein tapferes Herz,
das sich nicht einlässt
auf Wehleidigkeit und Selbstmitleid.

Gib mir ein gesundes Maß an Selbstliebe,
die Freiheit, über mich zu lachen,
und die Demut,
die Grenzen, die du mir gesetzt hast,
nicht gewaltsam niederreißen zu wollen.

Gib mir die Aufmerksamkeit des Herzens,
die anderer Menschen Bedürftigkeit
wahrzunehmen versteht.
Du weißt: es fehlt mir allenthalben,
aber dir darf ich mich lassen,
so wie ich bin,
mit allen erkannten und unbewussten
Mängeln.

Nimm Besitz von meinen Gedanken,
von meinem Fühlen und Wollen,
dann wird dieser Tag
fruchtbar sein.

Bei Tagesanbruch

Im Morgengrauen,
wenn die Gedanken
noch voller Nacht sind,
lass mich vor dir sein,
mein Gott.

Wenn die Müdigkeit
nicht von mir weichen will
und schon der Tag
mir unerbittlich seine Fragen stellt,
lass mich spüren,
dass du bei mir bist.

Dir vertraue ich mich an.

Zwischen Angst und Vertrauen

Wanderer du
zwischen Angst und Vertrauen,
beladen mit der Ungewissheit,
ob dir Herberge bereitet ist,
wenn die Nacht hereinbricht.
Immer wieder verlierst du ihn
aus den Augen,
den Weggefährten.
Immer wieder holt er
dich ein.

Das Leben wagen

Zuletzt bleibt uns nur das,
was wir verschenkt haben.

Manchmal habe ich Angst,
mein Leben könnte nicht gelingen.
Ich bitte dich, mein Gott,
lass mich im Labyrinth dieser Welt
meinen Weg finden.
Mit geliehenen Gedanken,
mit einem übernommenen Glauben
kann ich nicht der werden,
den du mit mir gemeint hast.

Meinen Weg suche ich,
auch wenn er sich nur mühsam
bahnen lässt
und die Bequemlichkeit ausgetretener Pfade
zuweilen verlockt.
Gib mir die innere Festigkeit,
zu dem zu stehen,
was ich vor dir
als richtig erkannt habe,
auch wenn ich unverstanden bleibe.

Gib mir den Mut,
mich von Altem zu lösen,
wo es seine Tragfähigkeit eingebüßt hat,
gebaute Zelte wieder abzubrechen,
wenn du mich weitergehen heißt,
Unbehaustheit zuzulassen,
bis neue Räume sich auftun.
Ein waches Herz erbitte ich,
das nicht menschlichen Ordnungen
Gehorsam leistet,
wenn du aus ihnen herausrufst.

Ich weiß, Gott,
dass ich mich täuschen kann,
auch da, wo ich mich
von dir geführt glaube,
aber ich will den Irrtum nicht fürchten,
will nicht ängstlich stehen bleiben,
denn du begleitest und segnest
meinen Weg,
wenn ich dich darum bitte.
Das Wagnis ist schön, mein Gott,
denn du lässt mich
auch über Umwege und Irrwege
nach Hause finden.

Heile unser Leben

Die zunehmende Erfahrung
von Sinnleere
deckt uns den Verlust des Liebenkönnens auf,
denn der Liebende fragt nicht
nach dem Sinn, er lebt ihn.

Manchmal träume ich
von einem Leben, Gott,
das nicht eingebunden ist
in tausend Verpflichtungen,
in dem Raum ist
für das Gespräch,
für die Begegnung,
für das Spiel.
Ein Leben denke ich mir aus,
in dem nicht mehr zählt,
was einer hat,
sondern was er ist
für andere,
in dem nicht den Konventionen gehuldigt,
sondern dem Herzen gefolgt wird.

Wieviel menschlicher wäre ein Leben,
in dem alle gleich viel gelten,
ob Mann, Frau oder Kind,
in dem es keine Schande ist,
schwach zu sein
und Hilfe zu brauchen.
Ich stelle mir vor,
wie es sein müsste,
wenn niemand mehr den Frieden eintauschte
gegen die Befriedigung des Augenblicks,
wenn niemand mehr Dingen nachjagte,
die er gar nicht braucht,
wenn unter uns wieder das Glück entdeckt
würde,
eine Aufgabe zu haben auf dieser Welt,
für die dazusein es sich lohnt.

Wie danke ich dir
für alle Menschen,
die mich ahnen lassen,
was wirkliches Leben meint.
Wie danke ich dir,
dass hier und heute
erfülltes Leben möglich ist,
weil du es anbietest.

Inmitten der Zerstörung bist du da

Gefährdet ist alles Lebendige.
Die Erde verklagt uns
vor dir.
Wie ein Raubvogel
auf Beute sich stürzt,
so giert der Mensch nach Besitz
und reißt an sich,
was ihm nicht angehört.
Er geht über Unrecht hinweg
wie über Kieselsteine
und verhüllt sich
mit dem Gewand der Lüge.
Den Kopf trägt er hoch erhoben.
Des Herzens Sprache
hat er vergessen.
Dich, seinen Gott,
kennt er nicht mehr.
Vor deinem Anruf
flieht er in die Geschäftigkeit.
Im Lärm ertränkt er die Angst.
Nacht umgibt seine Sinne.
Er will hoch hinaus
und rast auf den Abgrund zu.

Von Bildern des Schreckens
sind wir täglich umgeben.
Wir leiden Atemnot,
aber wir ersticken nicht,
denn es gibt eine Hoffnung,
die uns durchhalten lässt,
wo nichts mehr zu hoffen ist:
deine Anwesenheit, Gott,
inmitten aller Zerstörung.
Selbst wenn es zum Äußersten kommt:
Das Ende wird nicht
das Ende sein.

Wider die Hoffnungslosigkeit

Das Leben erwarten,
wo der Tod
uns alle Hoffnung
aus den Händen schlägt,
wer, Freund,
der den Mund
nicht zu voll nähme,
vermöchte das?
Die mit ihm gingen,
haben auch
der Vernichtung mehr geglaubt
als ihm.
Die sich ausschlossen
von seinen Möglichkeiten,
schlossen sich ein
in die Angst.
Jenseits der Angst aber
– sie unaufhaltsam unterwandernd –
der Friede.

Die Zeichen der Liebe gewahren

Geh nicht vorbei
am Heckenrosenhag,
dem zärtlichen Gruß
des Schöpfers
für dich,
sein Geschöpf,
hineingesät
in die Tage der Trübsal.
Geh nicht vorbei
am Heckenrosenhag,
ohne innezuhalten
einen Atemzug lang:
Du, liebender Gott,
gedenkst meiner.

Nur dein Erbarmen kann uns retten

Wir hasten vorüber
an den Menschen
und zertreten achtlos
die Blumen
unter unseren Füßen.
Blind sind unsere Augen
für die Wunder
am Weg.
Wir haben es verlernt,
Zwiesprache zu halten
mit den Tieren.
Das Rauschen der Bäume
nimmt unser lärmgewohntes Ohr
längst nicht mehr wahr.
Wir wissen nicht mehr
um die Heilkraft der Stille.
Verschlossen bleibt uns der Sternenhimmel,
und den Anbruch des Tages
verschlafen wir.
Wer vermag noch zu lesen
die Handschrift des Schöpfers?
Metallene Götter
beten wir an
und wundern uns noch,
wenn wir uns unbehaust fühlen
auf dieser Erde.

O Gott,
zugrunde gehen deine Menschen
in ihren selbstgemachten Wüsten.
Nur dein Erbarmen
kann uns retten.

Den Gefangenen Befreiung

Manchmal wird dem,
der einen schier unbezwingbaren Steilhang
zu erklimmen hat,
erst dann wirklich bewusst,
dass er am Seil hängt,
wenn ihn die eigenen Kräfte
völlig verlassen
und er abzustürzen droht.

Komm,
Sturmwind des Geistes,
zerbrich die selbstgemachten Häuser,
die uns doch nicht bergen können.
Führ uns hinaus aus unsren Kerkern,
beheimate uns
im ewigen Haus!

Komm,
Sturmwind des Geistes,
bring zum Erlöschen die künstlichen Lichter,
die uns erblinden ließen für das wahre Licht.
Gib uns
den klaren Blick!

Komm,
Sturmwind des Geistes,
überflute die Dämme,
mit denen wir uns abgesichert haben
gegen den Einbruch des Himmels.
Befreie uns
aus unsren Wüsten!

Die Nacht ist voller Sterne

Wenn die Freude
unseren Alltag
in ihr helles Licht taucht,
erleben wir sie
in dem Bewusstsein,
dass sie nichts Bleibendes ist,
dass sie uns im nächsten Augenblick
genommen werden kann.
Wenn aber die Traurigkeit
von uns Besitz ergreift,
die doch auch vorläufig ist,
so lassen wir uns gefangen nehmen,
als ob sie für alle Zeit
bei uns bliebe.

Soviel Verfinsterung
auf dieser deiner Welt,
mein Gott,
mehr oft
als zu ertragen
in unserem Vermögen steht.
Nachtwanderer sind wir,
gefährdet allemal,
der Dunkelheit
uns ganz zu übereignen,

nicht mehr zu gewahren
die tröstlichen Zeichen
um uns her.

Doch dürfen wir's verschweigen?
Die Nacht ist voller Sterne!
Geschieht's nicht mitten in der Nacht,
dass ein Unglücklicher
ein verstehendes Herz findet?
Dass ein Leidgeprüfter einwilligt
in sein Geschick?
Dass Schuld Verzeihen empfängt
und einer seinen Gott lobpreist
im Dunkeln?

Verhalten noch
streift uns
der Widerschein des Ewigen,
doch stark genug,
uns heimzuleuchten,
die nachtwunde Seele
zu trösten.

Nur einen Spaltbreit
öffne uns die Tiefe,
dass uns zu Herzen dringe,
was die Nacht erhellt,
und wir getroster
weitergehen.

Vom Erwarten zum Hoffen

Wir müssen darum ringen,
dass wir wieder leidensfähig werden;
denn nur wer sich dem Leid stellt,
kann ein Liebender sein.

Wie oft schließe ich Menschen ein
in den Kerker meiner Erwartungen
und verhindere damit,
dass wir einander begegnen.
Einen Berg von Enttäuschungen
schaffe ich mir,
der mich lähmt
und einsam macht.

Auch an mich selber
stelle ich hohe Erwartungen
und bin mit mir zerfallen,
wenn es mir nicht gelingt,
der zu sein,
der ich gern wäre.
Oft nehme ich nur noch
meine negativen Seiten wahr
und zerstöre meine Lebenskraft.

Ich erfahre,
dass mein Glaube
wieder und wieder
an meinen Erwartungen scheitert.
Mit Menschenmaß
will ich göttliche Liebe messen
und nehme mich zurück,
wenn ich lange Dunkelheit
ertragen muss.

Gott, mein Gott,
führe mich aus der Enge des Erwartens
in die Weite des Hoffens,
das dankbar empfängt
und doch nicht festlegt.
Offen möchte ich sein
für andere Menschen,
Enttäuschungen zulassen können
und mich dennoch nicht abwenden.
Mich selbst zu bejahen
mit Licht und Schatten
möchte ich bereit und fähig werden,
willig dein Bild in mir
immer von neuem heilen zu lassen
von aller Entstellung,
und täglich den kleinen großen Schritt
vom Argwohn zum Vertrauen tun.

Liebe hat heilende Kraft

Die bestürzende Erkenntnis
unserer Unfähigkeit zu schenkender Liebe
soll uns nicht lähmen.
Wer bekümmert ist
über die Armut seines Herzens,
hat den Ruf zur Liebe gehört
und ist,
ohne dass er sich dessen bewusst wäre,
schon unterwegs zu ihr.

In deinen Schutz
nimm, Gott, die Liebenden,
denn ohne sie geschieht
nichts Heilendes
auf dieser Welt.
Niemand kann die Zartheit
am Leben halten,
niemand das Unvollkommene
umarmen, es sei denn,
er wäre ein Liebender.
Niemand gewahrt das Schöne
im Unscheinbaren,
niemand erhorcht das Weinen
hinter dem Lächeln,

es sei denn,
die Liebe beseelt ihn.
Niemand kann die Hoffnung bewahren
für den, der an sich selbst verzweifelt,
es sei denn,
er besäße die Schaukraft des Herzens,
die dem Liebenden innewohnt.
Die Liebe macht die Erde
bewohnbar,
sie schlägt Brücken,
wo der Abgrund
sich auftut.
Die Liebe flieht nicht.
Sie teilt die Dunkelheiten dessen,
den sie liebt.
Wenn ein Verkümmerter
zu erblühen vermag
in der Nähe eines Anderen,
so ist er der Liebe begegnet.
Und wenn einer zu trösten vermag
auf dieser Erde,
so der, der zu lieben weiß.
Was wäre die Erde
ohne die Sonne?
Was ist der Mensch
ohne die Liebe?
In deinen Schutz
nimm, Gott, die Liebenden.

Aber die Liebe

Es ist unmöglich,
sagt die Angst.
Es übersteigt meine Kraft.
Es ist eine Zumutung.
Ich bin auch nur
ein Mensch.
Das schaffe ich
nie.
Ich kann's,
sagt die Liebe.

Mein Gott, ich komme

Fortgehen möchte ich, Gott,
aber ich bin mir bewusst,
solange ich fliehen will,
lege ich meine Kräfte lahm,
solange ich ausweichen will,
kann nichts Erlösendes geschehen.
Ich weiß,
dass Tore sich öffnen,
wo einer die Liebe wagt,
aber es ist ein weiter Weg
zwischen Wissen und Tun;
und doch hängt mein Leben daran,
dass ich ihn gehe.

Mein Gott, ich komme.
Nimm mich bei der Hand.

Dem Schmerz Raum geben

Aus der Hand
des geliebten Menschen
empfangen wir
immer beides:
höchstes Glück
und abgründigen Schmerz;
denn niemand
ist verletzbarer
als der Liebende.

Es ist natürlich,
dem Schmerzlichen
sich entziehen zu wollen,
doch so werden wir nicht
den verborgenen Reichtum gewahren,
der ihm innewohnt:
das Hinauswachsen
über mich selbst
in der Verzeihung,
im Überwinden
des Gekränktseins,
auch wenn es unter Tränen geschieht,
das beglückende Wissen:
Meine Liebe ist stark genug,
das Verwundetwerden
zu ertragen.

Der Liebe Zwiegestalt

Mein Gott,
ich habe die Freude empfangen,
das Glück wortlosen Verstehens,
die Vertrautheit,
das Einssein,
die Fülle.
Ich weiß,
dass ich dies alles
nicht haben kann
ohne das andere:
den Schmerz,
das Nichtverstehen,
die Fremdheit,
das Getrenntsein,
das Entbehren.
Das erst heißt Lieben:
dem Beglückenden
und dem Erschreckenden
Einlass gewähren.
Eine andere Liebe
gibt es nicht
auf dieser Erde.
Vor diesem Geheimnis
beuge ich mich;
ich nehme es an
aus deiner Hand.

Versöhne uns

Ihren tiefsten Ausdruck
findet die Liebe
im Verzeihen.

Wieviel Gedanken in meinem Herzen,
mein Gott,
die Zerstörung säen!
Den Zorn spüre ich,
die Kälte,
die Wut,
den Drang zurückzuschlagen.
Ich lasse alles zu,
aber es erleichtert mich nicht. –
Ich will den,
der mich verletzt hat,
in Schutz nehmen vor mir.
Ich will verstehen,
seine Bedürftigkeit wahrnehmen
und mich erinnern,
was alles ich ihm verdanke.
Ich will verzeihen.
Ist meine Liebe so kraftlos,
dass sie sich nicht verletzen lassen kann?
Und habe nicht auch ich verletzt?

Ich will nicht zulassen,
dass das Unversöhnliche
Wurzeln schlägt in mir.

Gott, der du reich bist an Verzeihen,
heile uns wieder,
und bringe uns neu auf den Weg
zueinander und zu dir.

Dein Friede heilt uns

*Du kannst nicht
einen anderen Menschen
aus deinem Herzen
hinauswerfen,
ohne dich selber zu verletzen.*

Der andere ist auch verwundet.
Gib mir,
der du Erbarmen hast
mit unser beider Unvermögen,
gib mir Bereitschaft,
seine Not zu sehen
und mein Verletztes
nicht zu horten
wie einen dunklen Schatz,
den die Gedanken
immerfort umkreisen.

Der andere ist auch verwundet,
bewahre mich,
der du durchschaust,
warum wir kein Gehör schenkten
der Warnung des Herzens,
bewahre mich davor,
zu markten,

für mich die tiefere Verletzung,
den geringeren Schuldanteil
einzustreichen
einem Gewinn gleich,
auf den ich Anspruch hätte.

Der andere ist auch verwundet,
und wenn ich deine Nähe suche,
so ist er bei uns, Gott,
und ich will ihn
mit deinen Augen sehen,
den mir der Zorn so tief entfremdet.
Gott, heile das erschütterte Vertrauen,
und wenn ich nicht verzeihen kann,
verzeihe du in mir.
Um deinen Frieden bitte ich,
der aller Feindschaft Ende ist.

Gott, sprich's uns zu:
Der Friede sei mit euch!

Die tiefere Gnade

Unser ganzes Leben
ist eine Einladung
zur Liebe.

Und wolltest du
in deinem unergründlichen Erbarmen
deines Mantels Saum
mir zu berühren schenken,
verzeih, mein Gott,
so nähm ich das Gewährte,
obwohl ersehnt,
nicht an.
Nicht meine,
sondern des Geliebten Hand
wollest mit deinem Glanz
du füllen.
Das wäre
die tiefere Gnade.

Winterfreude

Je älter ich werde,
desto mehr erfahre ich
mein Verbundensein mit der Natur.
Es gibt ein mystisches Einssein
mit Meer und Sonne,
mit Blumen, Bäumen, Gräsern und Wind.
Es ist nicht eigentlich ein Einssein mit Gott,
sondern mit seiner Schöpfung,
die seinen Geist atmet.
Um ein solches Verschmelzen zu erleben,
bedarf es der Einsamkeit
oder eines geliebten Menschen,
dessen Sinne sensibel sind
für das Schöne.

Eine einzige Schneeflocke –
genug, Herr, dich anzubeten.
Wieviel Zartheit,
vollkommene Schönheit
birgt dieser lichtgetränkte Stern.
Und ist keiner
unter tausenden,
der ihm völlig gleich wäre.
Eine einzige Schneeflocke –
genug, Gott, dich anzubeten.

Das Herz zu trösten

Mit den Augen beten,
wenn du durch den Garten gehst,
staunend wahrnehmen,
welch ein Kunstwerk
eine Blüte ist.
Für dich geschaffen
dies zarte Wunder.

Blumen, Erdensterne –
ein Meer von Farben
leuchtet mir entgegen
aus den Gärten.
Die Erde blüht,
weil du sie umarmst,
mein Gott.

Blumen, gestaltgewordene Zärtlichkeit –
ich trinke die Farben,
ich atme die Düfte,
ich denke dich,
mein Gott.

Dem leisen Singen des Windes
lausche ich.
Er nimmt meine Unruhe
mit sich fort.
Meine Fragen schweigen.
Ich weiß,
dass du bist.

Mein Leben ist voller Gott

Zum Heilwerden
unseres inneren Menschen
gehört das Dankbarwerden.
Ich traue es Gottes Liebe zu,
dass er nicht um seinet-,
sondern um unseretwillen
zur Dankbarkeit einlädt,
denn nur der Mensch
ist zu wirklicher Freude fähig,
der auch die kleinsten Dinge
wachen Herzens
dankbar entgegennimmt.

Gott, mein Gott,
ich danke dir
für die Stunden meines Lebens,
in denen das Herz weiß,
was sich dem Begreifen entzieht:
Es ist gut mit meinem Weg.
Ich entbehre manches,
aber ich bin nicht arm.
Du machst mich reich.
Du bringst zum Schweigen
die Stimmen der Verneinung
in mir.

Du weckst mir Freude an kleinen Dingen
und lehrst mich
die Zeichen deiner Liebe erkennen.
Die brennende Kerze
spricht mir von dir.
Ich atme dich im Duft der Hyazinthe.
Du kommst mir entgegen
im Wohlwollen von Menschen.
In der Musik
berührst du den Grund der Seele
und machst mich gewiss,
dass eine andere Welt ist,
wo die Verlassenen
zu Geborgenen werden.
Du lässt mich wohnen
in deinen Worten
wie in einem Haus.
Nicht mehr verzweifelt
sind die Tage der Traurigkeit,
sondern erfüllt
von deinen Tröstungen.
Wie Morgentau
auf ausgedörrtem Weideland
ist deine Gegenwart,
mein Gott,
für mich.
Anbeten will ich dich
und dir zusingen
meinen Dank.

Sieh den Engel

Stark genug
der Engel
des Herrn,
auch dir
den Stein
hinwegzuwälzen
vom Ort,
da er begraben ist
unter den Scherben
deiner Hoffnungen.

Stark genug,
der Engel des Herrn,
den Todesschatten
von deinem Antlitz
zu nehmen,
zu lösen
die Fessel
untröstbarer Trauer.

Nur einen Atemzug weit weg
das Grab.
Nur einen Atemzug weit weg
der Engel
des Herrn.

Immer noch hast du mich aufgerichtet

Es gehört zum liebevollen Umgehen mit uns selbst,
an Tagen innerer Dunkelheit keine Probleme lösen
zu wollen, keine wichtigen Entscheidungen zu treffen,
denn die Konturen der Wirklichkeit verlieren sich
in der Nacht.

An den Grenzen meiner Kraft
zwingt mir die Erschöpfung
unstillbare Müdigkeit auf.
Unmerklich verengt sich
das Blickfeld.
Gedanken überschwemmen mich,
in denen kein Licht mehr ist.
Ich habe mir vorgenommen,
auf der Hut zu sein vor ihnen.
Nicht mehr sind sie
als ungerufene Gäste,
dunkle Gefährten auf Zeit.
Warum ihnen mehr Beachtung schenken,
als ihnen zukommt?
»Ich danke dir, dass es vorübergeht«,
sage ich zu meinem Gott.
»Immer noch hast du mich aufgerichtet.«

Dein Trost lässt mich weitergehen

Du hast mich getröstet,
mein Gott.
Wie danke ich dir!
Alle Verfinsterung
ist von mir gewichen.
Alles ist gut
zwischen dir und mir.

Zu Herzen genommen
hast du meine Not,
obwohl ich stumm war
vor dir
und nichts erbat.
Du bliebst bei mir,
obwohl ich dir unrecht tat,
in meinen Gedanken
und mich ausschloss von denen,
die dir angehören.

Nachgegangen bist du mir,
als ich mich dir immer mehr entzog.
Meinen Unglauben
hast du erduldet,
meine Widerstände,
mein Schuldigwerden.

Lange vor mir erkanntest du,
dass mein verstörtes Herz
wund war vor Sehnsucht
nach dir,
und holtest mich dir zurück.

Du hast mich getröstet,
mein Gott.
Ich bin nicht verlassen.
Ich gehe weiter
auf dem unbegreiflichen Weg,
den du mich führst.

Ich danke dir

Dankbarkeit
Bedeutet
Zuwachs an Lebenskraft.

Wieviel Dankbarkeit
spüre ich in mir!
Wie ein unerwarteter Gast
hat sie Besitz von mir genommen.
Mein Gott,
ich preise dich
für die Gabe des dankbaren Herzens.
Oft bin ich so verschlossen
für die Freude an kleinen Dingen,
so blind
für die behutsamen Zeichen
deiner Zuneigung.

Ich muss das Dunkle nicht hellsprechen,
um mich zu freuen,
es ist da,
aber es bannt mir nicht mehr
den Blick.
Ich danke dir,
ich danke dir so sehr
für das Schöne in meinem Leben

und erfahre,
dass Dankbarkeit befreit.
Sanft werde ich losgelöst von dem,
was mich reich gemacht hat und erfüllt.
Ich weiß nicht,
ob ich es so je wieder erleben darf,
aber mein dankbares Herz
will nichts an sich reißen,
sich nicht in Erwartungen verirren,
sondern wach sein für neuen,
vielleicht ganz andren Reichtum.

Noch vermag ich dir nicht zu danken
für das Leidvolle in meinem Leben,
denn ich bin noch sehr arm
an Vertrauen,
aber manchmal ahne ich,
dass der Tag kommen wird,
da ich dir für *alles* danken werde,
was mir widerfuhr.

Ausblick

Zuletzt
wirst du auferstehen
aus der Klage.
Verwehen
wird dein banges Fragen
wie ein Nichts.

Zuletzt
wirst du erkennen,
dass deine Grenzen
Brücken waren
auf dem Weg
zu ihm,
dass du niemals
tiefer umarmt warst
als im Leid.

Zuletzt
wird nur dies Eine bleiben:
das dankbare Gewahren,
dass alles gut war,
wie es war.

Der Freude bedürftig

Wie viele Male setzen wir
der aufkommenden Freude
ein Aber entgegen.
Wie, wenn wir
in gleicher Weise
einmal mit unseren Traurigkeiten
umgingen.

Freude,
wie Brot
brauche ich sie.
Unsere tägliche Freude
gib uns heute.

Du hast mich nicht versinken lassen

Ein Fest will ich dir feiern
in meinem Herzen,
Herr, du mein Gott,
denn du hast mich
nicht versinken lassen,
als die Verzweiflung
mich einschloss,
als die Seele gelähmt war
im Erschrecken
und der Mund
vor Entsetzen
verstummte.

Ausgeschlossen war ich von denen,
die sich dir zugehörig wissen.
Kein Himmel wölbte sich mehr
über mein Leben.
Verloren gab ich mich
denn ich hatte Angst,
vergeblich zu hoffen.

Auch wenn ich mich
gänzlich verlassen glaubte,
so weiß ich doch heute,
dass du, mein Gott, bei mir warst.

Was ich mir selber raubte,
ist mir zurückgeschenkt:

Beharrlich hast du
und mit Geduld
dem sterbenden Feuer der Hoffnung
neues Leben entlockt,
hast der erstickenden Flamme
von deinem Atem gegeben
und bist nicht müde geworden,
dem verstörten Herzen zu sagen:
Du sollst leben.

Wie wünschte ich,
dass den Verzweifelten
dies Wort vernehmbar werde,
von dem du niemand
je ausgeschlossen hast,
dass Rettendes ausgehe
von denen, die vorher
Gebeugte waren,
und wir die Hoffnung mehren
in dieser Welt,
dass nichts und niemand
dir verloren geht.

Vollkommene Freude

Sonnenvergoldeter Tag,
ich rette dich
vor dem Aber
in die Dankbarkeit.

Ich gehe durch die Stadt
und erfahre dein Nahesein.
Mitten in der Menschenmenge
könnte ich tanzen,
denn du bist da.
Kaum erkenne ich mich wieder,
so sehr verwandelt mich
die Freude an dir.
Befreit hast du mich
von fruchtlosem Starren
auf Dunkles
und mein Gesicht
zu dir emporgehoben,
dass ich wahrnehme
deine Gegenwart.

Woher kommt die Geduld,
woher die Gelassenheit?
Woher der Mut
zu ungeliebter Arbeit?

Selbst Menschen,
die mir schwer erträglich sind,
sende ich freundliche Gedanken.
Alle, alle möchte ich hineinholen
in diese Freude,
allen sagen,
dass du da bist.

Gesegnetes Leid

Der Weg zur Höhe
führt durch die Tiefe.

Zur Weite
ist mir die Enge geworden,
denn in der äußersten Verlassenheit
habe ich erfahren,
wie geborgen ich bin.
Arm musste ich werden,
um zu erkennen,
wie reich ich bin
in dir.
Weil du mich festhältst,
wage ich loszulassen,
was deine Liebe
mir abverlangt.
Zaghaft noch
sind meine Schritte,
aber ich gehe mit dir.
Ich spanne die Flügel des Vertrauens aus
und lasse mich führen
auf dem Weg,
den du mir bestimmt hast.

Gib mir, mein Gott,
eine Sprache, dich zu loben,
dich anzubeten mit nie gehörten Worten.
Gib mir, mein Gott,
einen Lobgesang ins Herz,
der die Tiefen überdauert,
den der Schmerz
nicht auszulöschen vermag.
Ja, preisen will ich dich
solange ich lebe,
denn du hast mir
mein Leid gesegnet.

Dennoch kann ich leben

Manchmal
sind es gerade
die am bedrohlichsten erscheinenden Wogen,
die uns ans rettende Ufer tragen.
Manchmal
ist es gerade das Ende,
das uns zum rettenden Neubeginn wird.

Wenn mir einer vorausgesagt hätte,
was ich erfahre mit dir,
mein Gott,
ich hätte es abgetan als Schwärmerei.
Jetzt noch, da es mich ganz
als Mensch ergreift,
übersteigt es mein Verstehen:
Ich gehe durchs Feuer,
und es verbrennt mich nicht.
Ich gehe unter schwerer Last,
und sie erdrückt mich nicht.
Was ich voller Angst fürchtete, ist geschehen,
und dennoch kann ich leben.
Du bei mir –
und ich kann die Ungewissheit aushalten,
den Schmerz annehmen.

Ich Ungeduldiger kann zuversichtlich warten,
mich und alles Meine ganz aus der Hand
geben.

Du kämpfst ja für mich.
Wie ein Siegel soll dein Tun
seine Spur hinterlassen in meiner Seele,
dass ich nie mehr vergesse,
was du vermagst.

Zerbrochen, um geheilt zu werden

Wir besitzen eine fast grenzenlose Fähigkeit,
Erfahrungen, die wir mit Gott machten,
nachträglich in Frage zu stellen,
zu entkräften und zu vernichten.
Darum ist es not-wendig,
das Geschenkte
in den schützenden Raum der Dankbarkeit
hinüberzuretten.

Mein Gott,
vergib mir,
dass ich die Quellen
meiner Lebenskraft
immer wieder woanders gesucht habe
als allein in dir.
Ich gab vor,
an dich zu glauben,
aber in der Tiefe des Herzens
baute ich
auf meine eigene Kraft
und verließ mich auf Menschen.
Du entzogst mir
alle meine Stützen,
und das Gebäude meines Lebens

fiel wie ein Nichts
in sich zusammen.
Da floh ich vor dir,
wie man die Flucht sucht
vor seinem Feind.
Ich kehrte dir den Rücken zu
und verwünschte den Tag meiner Geburt.
Du aber wartetest
mit unerschöpflicher Geduld,
bis mir die Augen aufgingen
und ich deine Liebe
wahrzunehmen begann:
Du nahmst,
um zu geben.
Du zerbrachst,
um zu heilen.
Du führtest in die Verlassenheit,
um zu bergen.
Nur eins bleibt mir zu tun:
niederzuknien
und dich, meinen Gott, anzubeten.

Hoffnung

Noch hat die frostige Winternacht
den Tag nicht freigegeben,
da singt
unter schneeverhangenem Himmel
eine Amsel
ihr Lied –
o hoffnungsstarkes Vogelherz!

Ich fürchte nicht mehr mein Unvermögen

Mein Glaube ist nur
ein brüchiger Steg
über Abgründen;
der nächste Windstoß schon
kann ihn spurlos
mit sich hinwegreißen.

Vertrauen
ist nicht ein Wort
meiner Muttersprache.
Noch heute
reiße ich mir
die Hände daran wund.

Du aber, Gott,
hast mir Brücken gebaut
über den Tiefen.
Deine Hand führt
mich sicher zu dir.
Du überwindest
mein Ur-Misstrauen.
Ich fürchte nicht mehr
mein Unvermögen.
Ich freue mich
deiner Kraft.

Ich bin wahrgenommen

Was denkst du
über mich,
frage ich den anderen,
einer Katze gleich,
die auf Beute lauert,
und verberge meine Frage
hinter tausend Gewändern.

Wann habe ich Gott
das letzte Mal gefragt,
was er über mich denkt?

Du schaust mich an
und weißt
alles.
Wie ich wurde,
der ich bin:
Du überschaust es.
Was ich verdränge
und nicht wahrhaben will,
vor dir liegt es offen da.
Was ich ängstlich verberge
vor anderen Menschen:

Du nimmst es wahr.
Du kennst das Bild,
das ich mir
von mir selber mache.
Das Unbewältigte, das Unverheilte:
Du erschaust es.
Meine Schwachstellen, meine Verbogenheiten
sind dir nicht verborgen;
du weißt,
wo ich der Wandlung bedarf.

O Gott,
wie gut ist es,
dass ich nicht allein bin
mit mir.
Wie gut,
ganz und gar erkannt,
ganz und gar bejaht zu sein.

Aufgehoben in deinem Verstehen

Wir meinen so oft,
Gott könne uns nicht gut sein,
wenn wir ihn anklagen,
wenn wir lauter Auflehnung sind
im Erschrecken über seine Zumutungen,
mit ihm zerfallen in unserer Bitterkeit.
Was aber wäre das für eine Liebe,
die die Not nicht wahrnimmt,
die sich in derlei Regungen äußert?
Wenn wir Geliebte Gottes sind,
dann sind wir auch
in unserer Bedürftigkeit Erkannte.
Und wann wären wir des liebevollen
Angenommenseins bedürftiger,
als wenn wir uns in den Zorn,
in den Widerstand gegen Gott verirren
und dabei zerrissenen und wunden Herzens sind.

Wenn ich mir selbst
und anderen
unerträglich werde,
sinnlos verletze
mit den Pfeilen scharfer Worte
oder, mich umpanzernd
mit eisigem Schweigen,
lautlos Gift verströme,
mich hinreißen lasse
von der Lust am Zerstören,
dann weißt du allein,
mein Gott,
wie unglückselig
ich bin
und hilflos
vor mir selber.
Dann siehst du allein
mein erschrockenes Herz
und meine Sehnsucht,
dass einer
den Arm um mich legte
und erkannte,
dass ich verzweifelt bin.

Mut zur Unvollkommenheit

So ist Gottes Liebe,
dass sie uns erst recht
um dessentwillen liebt,
was nicht liebenswert ist an uns,
weil wir ihrer dort
am meisten bedürfen.

Wie danke ich dir,
dass ich versagen darf
vor dir und vor anderen Menschen!
Wie danke ich dir,
dass ich dazu stehen darf,
Grenzen zu haben:
Grenzen des Glaubens,
Grenzen der Geduld,
Grenzen der Belastbarkeit,
Grenzen des Könnens,
Grenzen der Liebe.

Wie danke ich dir,
dass ich traurig sein darf
und müde,
dass es Dinge geben darf,

mit denen ich allein
nicht fertig werde,
dass Verzichten und Sich-beschenken-lassen
beide ihr Recht haben.

Wie danke ich dir,
dass ich kleine, unbeholfene Schritte
tun darf
auf dem Weg zu dir hin!
Mag ich auch stolpern und fallen,
immer stürze ich auf dich zu,
immer falle ich in deine Arme.

Mich neu sehen lernen

Nur wer geborgen ist,
kann sich wahrnehmen.
Nur wer sich wahrnimmt,
kann sich wandeln.

Ich bin wert,
auch wenn ich
vieles an mir entdecke,
das mich entmutigt
und bekümmert.

Ich bin wert,
auch wenn ich
schuldig geworden bin
und es mir schwerfällt
mir zu verzeihen.

Ich bin wert,
auch wenn ich nichts vorzuweisen habe,
das mir Beachtung und Anerkennung
einbrächte,
wenn meine Kräfte gering sind
und ich mir nur wenig zutrauen kann.

Ich bin wert,
auch wenn es Menschen gibt,
die mich ablehnen
und Ansprüche auf mich zukommen,
die ich nicht zu erfüllen vermag.

Ich bin wert,
auch wenn ich wenig Liebe empfangen habe,
wenn andere es mir schwer gemacht,
wenn sie mir unrecht getan
und mich zurückgestoßen haben.

Ich bin wert,
weil ich von dir gewollt und bejaht bin,
Herr, du mein Gott;
du nimmst mich in Schutz
vor anderen Menschen und vor mir selber.

Dass ich wert bin
in deinen Augen,
übersteigt mein Fühlen und Begreifen,
aber deine Zusagen sind verlässlicher
als meine unbeständigen Gefühle.
Und wenn es auch ein langer Weg sein mag,
bis ich mich neu sehen lerne,
so weiß ich doch:
Du hast ungezählte Möglichkeiten,
mir Anteil zu schenken
an deinen guten Gedanken
über mich.

Du bekennst dich zu mir

Im Vertrauen darauf,
dass Gott mich mag,
habe ich beschlossen,
mich auch zu mögen.

Gott, mein Gott,
ich danke dir,
dass ich mich anschauen darf
mit allem, was unerlöst ist
in meiner Tiefe
und des Geheiltwerdens bedürftig.
Du bist mir gerade um meines Mangels willen
ganz zugewandt,
darum kann ich leben.

Auch wenn ich allenthalben
mein Ungenügen erfahre,
treibt es mich nicht in die Verzweiflung,
denn du legst schützend deinen Arm
um mich,
wenn mein Versagen
wider mich aufsteht.

Dankbar nehme ich wahr,
dass manchmal etwas aufleuchtet
von dem, was ich sein werde bei dir:

Dass ich dann und wann
zu einer Tat der Liebe fähig bin,
obwohl viel Selbstsucht in mir ist.

Zuzeiten gelingt es mir,
aufrichtig zu verzeihen,
einen Menschen zu segnen,
gegen den ich lauter Abwehr spüre.
Dann weiß ich: Du tust Großes an mir.

Dankbar bin ich,
dass ich bisweilen meinem Herzen zu folgen wage,
auch wenn mein Verstand es Unsinn heißt,
dass ich manchmal anderen gönnen kann,
was mir versagt ist,
obwohl mir die Regung des Neides nicht fremd ist.
Dankbar bin ich,
dass mitunter ein Verzicht gelingt,
obwohl es mir schwer fällt,
dem Habenwollen zu widerstehen.

Mein Gott, ich freue mich,
dass ich hie und da
gegen die Gefühle des Misstrauens in mir
einen Schritt des Vertrauens tun
und in deinen Willen einwilligen kann.
Behüte, was sich erneuern will in mir,
bis du mich ganz herausgeliebt hast
aus allem, was nichtig ist,
und ich ein heiler, ganzer Mensch sein werde.

Ich schaue zurück

Das Schlimmste
im Leben
sind nicht
die uns auferlegten
Verzichte,
wenngleich sie uns
tief verwunden können.
Das Schlimmste
sind die vertanen
Liebesmöglichkeiten.

Gott,
mein Gott,
wie kurz bemessen
war die Zeitspanne
von meiner Kindheit
bis zum Altwerden!
Wie nahe zusammengerückt
sind die Jahre meines Lebens
in meiner Erinnerung!
Mir ist,
als hätte ich alles durchmessen,
was Menschendasein ausmacht:
Freude und Leid,
Hoffnung und Verzweiflung,

Geborgenheit und Verlassensein,
Sinnerhelltes und Unbegreifliches,
Angst und Vertrauen.
Was bleibt,
wenn ich alles überschaue,
ist die Dankbarkeit für alles Schöne,
für alles, was gelang,
aber auch Ungeheiltes,
Bestürzung über manches Versagen.
Doch wie die Abendsonne
alles in ihr mildes Licht taucht,
so legt sich über das Gewesene
der tröstende Glanz
deines Friedens.

Mit dir gehe ich Hand in Hand
in die Dämmerung,
die nun herabsinkt,
dem Licht entgegen,
dem keine Dunkelheit mehr
sich nahen kann.

Heimkehren

Höre es, Angst,
der mich durch soviel Abgründe
getragen hat,
der wird mich auch
im Angesicht des letzten Abgrunds
nicht allein lassen
dir zum Trotz!

Wie ein Herbstblatt
sich leise löst
vom Baum,
so möchte ich
mein Leben lassen,
wenn die Zeit
reif geworden ist.
Leicht möchte ich sein,
nicht festhalten wollen,
im Fallen noch
mich dir entgegenfreuen.

Segen

Wie das Meer
den Glanz der Sonne
widerspiegelt,
so leuchte
aus deinem Antlitz
die Freude Gottes
an dir,
seinem Geschöpf.

Mein Gebet nimmst du an

Mein Gott,
ich danke dir,
dass mein Gebet
schwach und hilflos
sein darf,
verzagt und sehr leise.
Dennoch dringt es
dir zu Ohren
und bewegt dein Herz,
weil du selber
es zu dir emporhebst
wie ein kleines schutzloses Kind,
dem du väterliche Umarmung schenkst
und mütterliche Tröstung.

WEITERE BÜCHER VON ANTJE S. NAEGELI

Du hast mein Dunkel geteilt

Gebete an unerträglichen Tagen

120 Seiten, Halbleinen

ISBN 3-451-27477-9

Was trägt noch an unerträglichen Tagen? Was man
niemandem sagen kann und will – kann man das
beten? Klagen, sein Herz ausschütten und Ausschau
halten nach dem, der es kennt? Dieses Buch hilft zu
solchem Beten: Ehrliches, mitfühlendes Verstehen
findet Worte, die erfüllt sind von Klage, Sehnsucht
und Vertrauen. Worte wie ein Weg: nicht um vor dem
Schmerz zu fliehen, sondern um zu erfahren, wohin
wir mit dem Schmerz gehen können.

Berührt von deinem Schmerz

Briefe an Menschen, die Leidenden nahe stehen

64 Seiten, gebunden

ISBN 3-451-28093-0

Hilfe für Helfende, Trost für Tröstende. Ein Buch für
Menschen, die an der schweren Krankheit eines
Nahestehenden buchstäblich mit-leiden. Wer für
schwer kranke Menschen Verantwortung trägt – ob in
Krankenhaus, Altenheim oder Hospiz, ob innerhalb
der Familie, im Freundeskreis oder in der Nachbar-
schaft –, spürt hier eine unaufdringliche Nähe, die
neuen Halt schenkt.

INSPIRATIONEN FÜR JEDEN TAG

ANTHONY DE MELLO
Wo das Glück zu finden ist
Weisheitsgeschichten für jeden Tag.
Hg. von Franz Johna
400 Seiten, gebunden mit Lesebändchen
ISBN 3-451-28401-4

Humorvoll, im Plauderton, doch aufweckend und pro-
vozierend schärft diese Minutenlektüre täglich den
Blick für das Wesentliche. Ein modernes, lebensnahes
Alltagsbrevier für Menschen, die bewusster leben und
glücklich sein wollen. Unkonventionell und erfri-
schend.

GISELA ZIMMERMANN
Ein Engel dir zur Seite
Von den stillen Begleitern auf unseren Wegen
176 Seiten, gebunden mit Lesebändchen,
durchgehend in Sonderfarbe mit zahlreichen Abbildungen
ISBN 3-451-28491-X

Viele Menschen spüren, was sie nicht sehen können –
Zeichen einer Anwesenheit, Engel genannt in Bibel, Re-
ligionen und bei Dichtern. Inspirierende Gedanken,
Geschichten und Gedichte von Max Frisch, Romano
Guardini, Rose Ausländer, Dorothee Sölle u.a.

PHIL BOSMANS
Leben jeden Tag
Ein Jahresbegleiter
Ausgewählt und übersetzt von Ulrich Schütz
400 Seiten, Halbleinen
3-451-26715-2

Hier spricht jemand, der sich nicht scheut, auf Tuch-
fühlung zu gehen mit dem Leben, den Menschen,
den Erfahrungen, die dem Herzen Flügel geben – wie
auch mit denen, die nach Worten und Händen suchen, welche halten und mittragen.

ANSELM GRÜN
Mit Herz und allen Sinnen
Gute Gedanken für jeden Tag
400 Seiten, gebunden mit Lesebändchen
ISBN 3-451-28575-4

Die Texte dieses Lesebuches vermitteln zentrale Leitgedanken dieses vielgefragten geistlichen Lehrers
und Schriftstellers: Leitgedanken für ein vertieftes,
auf das Wesentliche gerichtetes Leben.

HERDER